AF295662

LE PARFAIT
VICTORIEVX
DISCOVRS FVNEBRE
SVR LA MORT
DE LOVIS LE IVSTE.

PARIS,

Chez MICHEL BLAGEART, rue S. Seuerin, deuant le grand Portail
de la Maison au Lys fleurissant.

M. DC. XLIII.

Auec Approbation, Et Permission.

A
LA REYNE.

ADAME,

Ie vous offre ce Discours Funebre sur la Mort
de *LOVIS LE IVSTE*, nostre Prince, &
vostre Royal Epoux, non afin de rafraischir les Douleurs de *VOSTRE MAIESTE*, qui ne
sçauroient receuoir de nouueaux accez. Puis qu'elles ont esté infinies autant qu'elles le pouuoient

estre. Mais pour luy faire voir comme en vn Tableau les Adorables Vertus de ce GRAND
ROY. De sorte que ce Discours n'ayant rien de
Lugubre que la moindre partie de son Tiltre, La
principale, qui est le PARFAIT VICTO-
RIEVX, ne promet que des Triomphes & des
Victoires. Non, MADAME, ce ne sont point
des Cyprez que ie presente a V. M. pour redonner
cours a ses deplaisirs : Ce sont plûtost des Palmes
& des Lauriers qui ne presagent que le bon-heur
de vostre Regence. Ce sont les Illustres Exploits
de LOVIS ; Ce sont ses Combats & ses Conquestes, qui luy ont acquis la qualité de Parfait
Conquerant, aussi bien du Ciel que de la Terre. Enfin ce sont les Couronnes & les Guirlandes qui ont
enuironné son Chef icy bas, & qu'il possede de maintenant dans vne vie Glorieuse & Immortelle. Que
s'il s'y treuue meslez des traits d'Inconstance, de
Maladie, & de Mort, V. M. n'en sera point
étonnée, si elle considere qu'ils ont esté les riches
sujets des mesmes Triomphes de LOVIS, n'ayant
seruy qu'à faire paroistre auec plus d'éclat sa Grandeur & sa Gloire. Mais ie me reprens, MA-
DAME, d'auoir voulu exposer aux yeux
de V. M. ce Discours, afin que comme en
vn Tableau les Vertus de nostre Grand Roy. Ce

n'en est qu'vne Ombre legere, ou vne Statuë muet-
te, que i'ay ofé tirer pour marque de mes submif-
fions & de mes tres humbles Deuoirs, & que ie
mets deuant elle qui en est la viuante Image, afin
qu'elle l'anime par fes fauorables regards, tout
ainfi que celle de Pharmenopas l'étoit par les puif-
fantes impreffions de la lumiere du Soleil. C'eft ce
que i'attens, MADAME, de voftre Royalle
Bonté: & que comme la Minerue d'Amulus ca-
reffoit d'vn doux accueil tout ce qui luy étoit offert,
quoy que fans comparaifon, Puis que V. M. n'en
peut fouffrir, fi ce n'eft par fon humilité; Ainfi
traiterez-vous fauorablement ce petit Ouurage &
luy communiquerez ce qu'il luy manque par voftre
aueu: Afin qu'il puiffe aller hardiment publier par
tout, que LOVIS LE IVSTE eft l'vnique
& feul PARFAIT VICTORIEVX.
Auffi bien que les vœux que ie fais pour la Gloire
de noftre NOVVEAV SOLEIL, & la
voftre, O BELLE AVRORE, qui l'auez
produit à cét Empire: A ce que le Ciel répende fur
fon Regne fes plus particulieres graces pour le rendre le plus Heureux & le plus Floriffant, & fur
voftre Gouuernement, fes plus amoureufes Influences, pour eftre auffi gloríeux que vous le fçauriez
efperer. Car ce font là veritablement les fouhaits

que ie forme entre mes plus beaux desirs, & auec
les plus profonds sentimens du respect que ie dois
à Vostre Majesté, comme estant,

MADAME,

Son tres-humble, tres-obeïssant, &
tres-fidelle seruiteur & sujet,
ROBYNET.

LA Lecture de ce *Discours Funebre du tiltre de Par-*
fait Victorieux, à l'honneur & heureuse Memoire
de *LOVIS XIII.* que Dieu absolue, composé par
Charles Robynet, Sieur de S. Iean, a esté oüye, & dili-
gemment examinée, Par Nous soubsignez Docteurs
en Theologie de cette Faculté de Paris, auec tant de
contentemeut & d'aplaudissement, Que nous certifions
le Public le pouuoir lire en toute assurance, de n'y trou-
uer rien de funeste, que la mort d'vn Grand Roy, rien
de mauuais augure, ny contraire à la Foy Catholique,
Apostolique & Romaine, ny à l'Etat, ny aux bonnes
mœurs: Ains de grands, tres-aperts, & tres-dignes sentimens de l'insigne Pieté, & Vertu Auguste de nostre
Prince, excitans à la Deuotion & ferueur d'esprit, pour
l'imiter, & le croire digne d'honneur & de memoire
Eternelle. En foy dequoy nous auons signé le deuxies-
me Iuillet 1643.

F. V. OVRRY.

F. C. DE LA HAYE, Prieur
de Monstierneuf de Poictiers.

Fautes suruenuës en l'Impression.

Page 2. ligne 2. se pouser, *pour*, se pousser.
P. 4. l. 16. a remportées, *pour*, a remportez
P. 5. l. 17. & 18. la plume la, *pour*, l'Orateur le.
ibid. l. 27. & 28. comme luy sur la foiblesse de ma plume iusques,
    pour, comme luy iusques dans le Ciel.
P. 22. l. 4. Estat, *pour*, vn Estat
P. 23. l. 8. force Riuole, *pour*, force Suze, Riuole ;
ibid. l. 10. Possiocelres, *pour*, Poliorcetes.
P. 25. l. 6. n'estoient pas, *pour*, ne fussent pas
P. 32. l. 1. par leur paroles, *pour*, par leurs actions
ibid. l. derniere, qu'ainsi il, *pour*, qu'ainsi, il
P. 37. l. 28. descouuert, *pour*, décharné
Page 43. l. 21. il voulut, *pour*, vouloit
P. 44. l. 11. Parfait Victorieux & Triomphant, *pour*, parfaite-
    ment Victorieuse & Triomphante.

LE
PARFAIT
VICTORIEVX.

DISCOVRS FVNEBRE SVR
la Mort de Louis le Iuste.

Qui vicerit, dabo ei sedere mecum in throno meo. Apoc.3.

OVT ce qui est partagé entre le present &
l'auenir, c'est à dire, qui a vn estre roulant
sur les momens successifs du temps ; a des
termes de sa durée, où il ferme par necessité,
le cercle de sa fin & de son commencement. Cette verité esclate si fort de ses propres lumieres, qu'il n'est non
plus possible de la contredire, que de l'ignorer : chaque
Siecle en a donné des demonstrations si sensibles, qu'il
n'en faut prendre pour iuges que ses Sens ; & l'experien-

A

ce nous la rend si euidente dans le nostre, qu'elle suffit pour estre obligé à l'auoüer. Ie permets neanmoins à vos esprits de se pouser par la plus puissante saillie, iusques à ce iour glorieux, qu'il pleut au Souuerain Principe d'exercer sa puissance sur le neant, pour faire paréstre la Nature hors de l'inexistence où elle estoit si profondement abymée ; & de se glisser, en retrogradant, de ce moment dans tous les autres qui se sont iusques à present eschapez. Ie m'assure qu'estans de retour de cette longue cariere de tant de Siecles, vous confesserez n'auoir rien reconû qui n'ait souffert cette vicissitude d'vn commencement & d'vne fin. Toutes choses ont leur saison, dit le Sage, & il n'est rien sous le Ciel qui ne passe dans les espaces qui limitent sa durée. C'est vn arrest que Dieu a intimé à toute la Nature, & dont il luy faut aussi necessairement subir la rigueur : que Dieu qui est necessairement immuable, ne peut changer les ordres vne fois establis de sa diuine Prouidence. C'est vne catastrophe qui se doit joüer sur le Theatre de tout le monde aussi inéuitablemét, qu'il en porte en soy les causes inéuitables : C'est le rendez-vous, en vn mot, où toutes choses se doiuent aussi absolument terminer, qu'au centre du Cercle toutes les lignes de sa circonferance. Cette necessité ne soufre donc point d'hypotese ny de condition, elle exige le même droit de la plus Noble des creatures, à sçauoir la raisonnable, comme de toutes les autres qui luy sont inferieures, & elle se rend encor les Princes & les Monarques tributaires,

Omnia tempus suum habent, & suis spatiis transeunt vniuersa sub caelo.
Eccl. 3.

bien qu'ils soient esleuez au deſſus du reſte des hommes. Il eſt vray qu'ils ſemblent ainſi que le veut Platon, auoir eſté créez d'vne Subſtance choiſie, & la plus noble des Elemens: d'vne matiere inalterable, & encore en ſon ſens auoir eſté formez ſur les plus riches Idées. Il eſt vray di-je, & ſans parler dauantage aux termes de ce Philoſophe, mais plus veritablement, qu'ils ſemblent porter par vn priuilege plus ſpecial le caractere & le ſceau de la diuinité, & eſtre des Dieux en fin comme Dieu les appelle luy-méme par la bouche de ſon Prophete. Toutesfois ils ne ſe peuuent diſpenſer d'obeïr au ſort commun à tous les hommes & de voir toutes leurs grandeurs ſousmiſes à l'Empire de la mort, ainſi qu'il leur eſt dit en vn autre endroit vous eſtes des Dieux mortels.

Ego dixi vos Dij eſtis & filij excelſi omnes. Pſal. 81.

Nous le voyons en la perſonne de noſtre inuincible & victorieux Monarque LOVIS le Iuſte, lequel apres auoir conquis vne partie du monde qu'il deuoit ſoumettre quelque iour tout entier à ſes loix ; eſt luy même contraint de fléchir ſous l'autorité de la fatalle Loy. Oüy ce Roy dont les actions nous auoient fait croire qu'il eſtoit immortel eſt mort & nous laiſſe par ſon trépas ſujet d'auoüer hautement qu'il n'eſt rien qui ne paſſe de la vie à la mort, & du berceau dedans le tôbeau.

Eſtrange neceſsité ! qui change nos ris en pleurs; nos accens de ioye en des accens de dueil & de triſteſſe, & qui metamorphoſant tout d'vn coup nos chants d'allegreſſe & de Triomphe en des elegies de ſoupirs; Nous oblige de planter par toute la France des lu-

gubres Cyprez, au lieu des glorieux Lauriers dont nous
pensions Couronner la teste de nostre genereux Prince.

Estrange necessité! qui nous contrainct lors que nous
pensions loüer les exploits de Louys, au contraire de
pleurer sa mort, & de faire au lieu d'vn simple Pane-
gyrique, vne Oraison Funebre.

Ah condition mortelle, que tu as peu de consistan-
ce & d'asseurance! Condition mortelle, que tu as peu de
fermeté & de solidité! Condition mortelle, que tu as de
fragilité & de feblesse! condition mortelle, que tu as
d'inconstance!

Il faut donc laisser nostre premier dessein, & mettre
à part les Triomphes, les Trophées & les Victoires que
LOVIS a remportées sur les ennemis, pour parler des
Victoires, des Trophées & des Triomphes que la mort
a remportées sur LOVIS. Ha! que ie sens de contrainte en cette obligation d'ajouter à la conqueste de
cette superbe la vanité d'estre loüée de ses succez.

Toutesfois, non, ne redoutons pas de loüer la mort,
puis que tout l'honneur & la gloire en reuient à LOVIS
& non à la mort. Ce seroit entrer dans la pensée des
Payens, ou du moins se plonger trop auant dans la
Fable, si nous nous imaginions que la mort fût quelque
Deesse redoutable, quelque sanglante Belone, & quelque furieuse Meurtriere. Disons auec les Philosophes,
que la mort n'est qu'vne separation de l'ame d'auec le
corps, & à l'égard de la creature raisonnable encor
moins qu'elle n'est qu'vn éloignement de ces deux par-
ties.

ties pour quelque temps. Puis que nous sommes assû-
rez de resusciter vn iour & de voir l'vnion de nostre ame
& de nostre corps qui auoit esté interrompuë, raffermie
pour toute l'Eternité.

Mais puis que nous auons à parler de la mort, non seulement d'vn Roy & d'vn Prince, en tant que Roy & en
tant que Prince, mais en tant que Chrétien, & que toute
la loüange de la mort du Chrétien est entierement fon-
dée sur sa vie ; ne separons point dans nostre discours, la
vie & la mort de LOVIS, retenons les plustost vnies ensemble, afin que nous môtrions que nostre R O Y ayant
esté Victorieux en l'vne & en l'autre, il merite le tiltre
de Parfait Vainqueur, & de s'assoir sur le Trône de la
Gloire, suiuant le texte que i'ay pris, *Qui vicerit, &c.* qui
est tout mon dessein.

Mais qui suis-ie qui entreprends de parler de la plus
belle vie & de la plus belle fin qui ait iamais occupé la
plume la plus celebre ? Qui suis-ie qui ose auec vn stile
si sterile & si rempant qu'est le mien, composer vn discours de loüange aux plus hautes Vertus qui ayent esté
admirées de tous les Siecles ? Qui suis-ie en vn mot,
qui veux faire l'Eloge des heroïques Faits & glorieux
Triomphes du plus Auguste Prince que le Ciel ait iamais regardé auec ses plus doux aspects, & ses plus benignes influances, & la terre porté auec plus de respects
& d'hommages ? N'apprehenday-ie point de tomber
aussi lourdement qu'Icare, si ie m'éleue comme luy sur
la foiblesse de ma plume, iusques dans le Ciel de tant de
Perfections ? Veritablement mon impuissance combat

fi fort mon defir, que i'auoüe qu'il me feroit beaucoup plus feant & affûré de tenir le party du filence, &
demeurer fans langue, comme autrefois la Déeffe Age-
noria, que d'entreprendre de difcourir fur vn fujet fi
fort éleué au deffus de ma force. Et ce qui augmente
ma crainte en cette occafion, c'eft l'auis que me donne
fecrettement l'Orateur Latin, Qu'il eft impoffible de
bien exprimer par les paroles l'honneur & la gloire d'vne
bonne vie. Car fi cét homme qui poffedoit toute la vi-
gueur & la force de l'Eloquence, fait cette confeffion,
encor qu'il n'euft à loüer que des actions Payennes &
fimplement Morales: Que pourray-ie, moy qui ay à
exalter des Vertus tout à fait Religieufes & Chreftien-
nes? Toutesfois le legitime deuoir fe prefente, qui m'a-
uertit que ie me rendray coupable de la plus honteufe
ingratitude, qui puiffe noircir vne ame: Si ie ne rends,
finon autant que ie dois, au moins autant qu'il m'eft
poffible, de recognoiffance aux Royalles Vertus de mon
Prince. Auquel de ces deux fentimens obeiray-je? Sera-ce au premier qui m'ordonne de me taire? Sera-ce
au fecond qui me commande de parler? Sans doute
que malgré mon irrefolution ie dois fatisfaire à celuy
qui protegera d'auantage l'innocence de mon intention. Ie commence donc en reprefentant LOVIS XIII.
aux premiers iours de fa naiffance, pour le confiderer
dans tous les temps de fa vie, & par apres l'enuifager en
fon Glorieux trépas.

Ce Prince parut comme vn bel Aftre au Ciel de la
Fràcele 27 Septembre de l'année 1601. Il n'eft pas poffi-

ble de dire toutes les merueilles qui se passerent à sa naif-
sance: Car ce qui ne paressoit pas étoit beaucoup plus admirable, que ce qui rauissoit à force d'aise & de plaisir les
sens. Il est vray qu'estant fils du GRAND HENRY,
& l'heritier de sa couronne & de son Sceptre ; La Nature auoit pris vn contentement extraordinaire à façon-
ner son corps , & à luy communiquer tout ce qu'elle
auoit de plus excellent & de plus magnifique, iusques
à estre entierement prodigue, pour le rendre le Prince
le plus beau & le plus parfait. Mais le Ciel qui voulut
auoir l'honneur entier de cét Ouurage, luy versa bien
plus largement ses faueurs. De sorte que si l'on eust eu
les yeux assez perçans on eust veu tout le noble cœur
des Vertus qui en descendirent expres pour le receuoir
dans leurs mains. On eust veu vn Ange du plus haut
rang de la Hierarchie Angelique, qui vint par vn priuilege particulier, prendre la garde & la conduite de ce
ieune Monarque, ou pour mieux dire, de celuy qui deuoit par excellence, estre appellé le Fils aisné de l'Eglise
de Dieu. On eust en fin apperceu toutes les sciences, &
toutes les Graces conduites par la Victoire, à l'entour de
son berceau. Ce qui certainement eust esté vn sujet &
vn spectacle incomparable. Ne doutez pas aussi qu'encor que toutes ces choses soient trop spirituelles, pour
estre sensiblement découuertes, qu'il n'en parût & re-
jallît vn certain extrait sur son front , qui le rendoit
vniquement adorable. A la verité, toute la Cour fut si
doucement charmée de ses graces & de ses attraits, que
chacun confessoit qu'il n'estoit plus de plaisir, que ce-

lûy de l'admirer continuellement; & ie puis dire qu'il
n'y eut perſonne qui ne luy fiſt vn ſacrifice de ſon cœur
pour le rendre victorieux dés le premier iour dé ſa naiſſance. Les Princes & les Princeſſes auoient les yeux tellement arreſtez ſur luy, qu'ils ne pouuoient penſer à les
en retirer, chacun obſeruant auec vn ſoin merueilleux,
tous les ſignes, les œillades, & les actions de cét enfant
pour en tirer autant de ſujets de prediction des merueilles qu'il deuoit vn iour operer. Mais principalement le
GRAND HENRY & MARIE DE MEDICIS ſon
Eſpouſe demeurerent tout extaſiez à force de le regar-
der, rauis de voir vne image ſi parfaite & ſi accomplie de
leurs vertus. A dire vray, les ſignes qui precederent de
bien peu ſa naiſſance, n'en pouuoient faire conceuoir
que de tres-hautes eſperances. Et ſi la ruine qui arriua du
Magnifique Temple de Diane en Epheſe le propre iour
qu'Alexandre le grand vint au monde, fut vn motif à ſes
Deuins d'augurer les belles actions de ſa vie. Auec plus
de ſujet les ſecouſſes qui eſbranlerent la terre en pluſieurs endroits où regnoit l'Hereſie, quelque temps
auant la naiſſance de noſtre LOVIS, deuoient eſtre
de puiſſantes raiſons à la France d'en conjecturer de
glorieux exploits. Auſſi fut-ce où il emporta ſes plus
ſignalées Victoires, puis que comme nous verrons, il
y fit abſolument triompher la Religion & le vray culte
de Dieu. Les iours qui ſ'écoulerent du depuis, & luy fi-
rent voir en fin le ſixieſme an de ſon âge, meurirent tellement ſon eſprit, que dés lors il poſſedoit des auantages qui obligerent tous ceux qui auoient l'honneur de
ſe voir

le voir & de l'entendre , de douter de la verité dont ils
estoient eux-mesmes témoins : Ses discours estoient déja
graues & doux, & ses pensées hautes & sublimes, de
sorte qu'il rauissoit également les cœurs & les esprits,

Dulcebat animos cordaque regebat.

Il estoit l'Oracle de la Cour, & chacun se plaisoit à l'a-
boucher & l'entretenir pour apprendre de luy sa bonne
ou mauuaise fortune ; tirant de ses paroles le sujet de se
dire bien-heureux ou mal-heureux. On le vit en cette
enfance auoir de fortes inclinations à toutes sortes de
beaux exercices, à la Peinture , à la Graueure, à la Mu
sique , au jeu des plus doux Instrumens, la pluspart desquels il façonnoit de ses propres mains, & au reste des
autres Arts liberaux & bien seans aux Princes. En quoy
auec vn peu d'estude il reussit parfaitement, iusques
à n'y auoir point de pareil. On le vit encor pratiquer
les vertus dignes des Rois & des Monarques , si hautement, que toutes ses actions seruoient d'illustres exem-
ples à ceux de la Cour, qui les excitoient d'autant plus
puissamment à l'exercice de la Vertu , qu'ils en remar-
quoient le commerce déja si parfait auec l'innocence de
ce ieune Prince. Ses diuertissemens estoient des simbo-
les de valeur ; ses paroles des marques de bonté & de
clemence. Bref, il ne faisoit & disoit rien que ce ne fût
vn riche argument des merueilles que l'on deuoit vn
iour adorer en luy, & dont il monstroit de si bonne heu-
re le germe & la semence qu'il en auoit receuë du Ciel.

Mais ie vous prie, ne nous esloignons pas encore de
cette sixiesme année , que premierement nous n'ayons

veu noſtre L O V I S en eſtat de receuoir les qualitez qui
le peuuent rendre digne de bien combatre, pour meriter le tiltre de Parfait Victorieux. Ie veux dire que nous
le ſuiuions, s'il vous plaiſt, à Fontainebleau, afin de l'y
voir Baptiſer : Car c'eſt là qu'il prend le caractere de
vray Combatant, perſonne ne pouuant vrayment
combatre, ſelon que l'entend noſtre Maiſtre, *Qui vice-*
rit, &c. qu'auparauant il ne ſoit Chrétien ; ce qui ſe fait
au Lauatoire du Bapteſme, où nous receuons cette diuine infuſion des trois vertus Theologales, qui impri-
ment ſpirituellement dans nos ames le ſacré ſceau de
Chrétien. Ou ſi vous voulez, eſtant vray que les vertus
infuſes luy auoient déja eſté verſées lors qu'il fut on-
doyé. Regardons-le ſeulement ſe ſouſmettre aux ceremonies de l'Egliſe, de laquelle il deuoit eſtre le fidelle
deffenſeur, & reduire en acte la Foy, l'Eſperance, & la
Charité qu'il n'auoit qu'habituellement.

Pour en parler ſainement, il produiſit auec humilité
des actes de ces trois vertus Chrétiennes ſi parfaitement,
qu'il s'en rendit admirable au Ciel & à la terre ; Tellement que dés ce moment tous deux le declarerent Parfait Vainqueur. Mais ſur tout, le Ciel le publia tel vi-
ſiblement, par autant de bouches de feu, qu'il fit pareſtre en ſon lambris, d'aſtres & de lumieres beaucoup
plus brillantes, qu'il n'en eſtalle d'ordinaire.

Monſieur le Cardinal de Ioyeuſe le tint au nom du
Pape Paul V. & eut par conſequent cét honneur indicible, auſſi bien que ce contentement ſans pareil, de ſou-
ſtenir ſur ſes bras le veritable Athlas de noſtre Egliſe.
On le nomma L O V I S, non ſans myſtere ; cette im-

poſition eſtant vne inſpiration d'enhaut pour marque
de la ſainteté de ſa vie.

De repreſenter icy dauantage les Magnificences de
cette ceremonie, ce ſeroit choſe ſuperfluë, puis que vous
en auez pû conceuoir l'exceds, des appareils du Ciel, par
leſquels il ſurmonta ceux de la Cour, en ne la voulant
pas laiſſer ſeule dans cét employ. Depuis cette ceremonie Chrétienne, LOVIS écoula, touſiours rendant de
nouueaux témoignages de ſes Illuſtres qualitez, trois autres années, dont la reuolution luy mit la Couronne
ſur la teſte, le Sceptre à la main, & le fit monter ſur le
Trône en qualité de Roy, à l'âge de neuf ans.

Ie ne puis paſſer cette occurrence, que la cauſe qui en
fut entierement funeſte ne ſe rafraichiſſe en mon ame,
& que là penetrant de la douleur qui troubla & mit en
dueil toute la France, elle n'apporte vne notable altera-
tion ſur mon viſage & dans ce Diſcours. De ſorte qu'au
lieu de ces traits que la joye & l'allegreſſe deuoient main-
nant tracer ſur mon front en vous parlant de noſtre
LOVIS montant ſur le Trône, il n'y pareſt que
des traits de pâleur & d'effroy, que le reſſouuenir de
ce deſaſtre y imprime ſi viuement, qu'il me ſemble
que ie vois encore l'horreur de cette ſanglante tra-
gedie. Et où ie deurois pourſuiure la gloire & l'honneur du même LOVIS, ie ſuis contraint par la
loy de la pieté & du deuoir d'attaquer derechef l'inconſtance, & l'accuſer du meurtre commis en la Perſonne du GRAND HENRY, d'heureuſe & immortelle memoire.

O fascheuse & importune inconstance! est-ce ainsi que tu te joües de toutes les choses de la terre, & que tu leur fais changer sans cesse de face? Ie te le pardonne, quand tu ne t'attaques qu'aux indifferentes pour joüer ton jeu. Mais est-ce ainsi que tu oses porter ta main sacrilege sur nos Monarques, ou plustost contre les oingts du Seigneur, qui te deffend de les offenser, pour les traiter si cruellement? Ah traistresse! ah infidelle! ah cruelle! ah perfide! Que ne puis je vanger ce sanglant affront que tu as fait à nostre GRAND HENRY. Et que ne vois-je encor auiourd'huy dans les feux excitez par le soulphre & la petillante poix, brusler sans iamais consûmer, ce monstre inhumain dont tu te seruis pour vne si detestable & si horrible execution!

Toutefois non, que ce spectacle ne se represente desormais plus à nos yeux : que ce soit à toute eternité aux Enfers, d'où ce dragon estoit sans doute sorty: & à la face de leurs furies qui auoient allumé son desespoir & sa rage. Non, i'estouffe tous ces sentimés de douleur & de tristesse, pour ne pas confondre les pleurs auec les ris, & faire vn funeste mélange de la Gloire de LOVIS, auec le desastre de son Genereux Ancestre : & ie me remets à poursuiure nostre petit Prince dans l'entrée de la grandeur Royalle.

Les Historiens qui nous ont laissé les faits d'Alexandre, que l'Antiquité surnomma du nom de Grand à cause de ses grandes Victoires, disent, pour faire dauantage éclater sa vie, qu'il succeda à l'heritage Royal de son pere à vingt ans; Et qu'en cét âge il luy fallut combatre neanmoins

moins d'estranges difficultez dedans & dehors son
Royaume, qui euslent pû le luy mettre en compromis:
si son courage & son adrelse surpallant son âge, ne luy
eullent donné le moyen de les surmonter, & de s'allû-
rer sa Couronne. Ce seroit là certes quelque chose
digne de nostre admiration, si nous n'auions rien de plus
miraculeux en nostre ieune Cesar. Mais regardez-le sous
la pesanteur du Diadême & du Sceptre à neuf ans. Que
si vous me dites que son Empire estoit entierement à
l'ombre des Oliuiers, & qu'vne profonde paix regnoit
par tout son Royaume; que le Genereux HENRY
son pere luy auoit laillé l'Estat dans vne parfaite tran-
quillité; En vn mot, que la douceur & le repos en gar-
doient le dedans & le dehors. Ie vous l'auoüeray tout li-
brement, pourueu que vous m'accordiez aussi qu'il ne
joüit pas long-temps de ce calme; qu'il eut des tem-
pestes ciuiles, où il eut besoin de parestre bon Pilote
pour en preseruer sa Barque, & des guerres auec les Ennemis de Dieu où il luy fallut auoir beaucoup de cœur &
de generosité. Et encor, que s'il n'eut d'abord à combatre pour la deffense de son Empire, qu'il combatit
neantmoins pour la protection de ses Alliez, ausquels il
donna secours aussi tost qu'il fut Roy. Nous verrons cette verité dans la suite de nostre Discours. Regardons-le
maintenant dans la premiere de ses actions Royalles
qu'il exerce en son Parlement.

Qu'il faisoit beau voir ce ieune Prince, qui auoit tous
les raports & les traits d'vn Pacifique & sage Salomon
seant sur son Lict de Iustice: ie dis pacifique, puis que le

premier Arrest qu'il y alloit prononcer, estoit pour le bien & le repos de son Estat. Ie dis Sage, d'autant que toutes ses paroles parurent si remplies de Prudence & de Sagesse, qu'on eust iugé, de la sorte qu'il pratiquoit bien cette vertu, qu'il auoit ouy, montant sur le Thrône, cette belle leçon que le Sage Roy fait à tous les Princes du monde : *O vous qui vous plaisez si fort d'estre dans les Palais, sous les Dais & sur les Thrônes! O vous qui estes rauis de voir vos testes ornées de Diadèmes, & vos mains chargées d'vn Sceptre: aymez & cherissez la Sapience, qui seule vous peut faire regner asseurément & glorieusement, non dans les seuls Empires de la terre, mais encore dans le Royaume permanent du Ciel.* Ou si vous voulez qu'il estoit agreable de contempler ce nouueau Soleil dés son ascendant parestre au plein midy de sa clarté, & communiquer à sa belle FLORENTINE, tout ainsi qu'à sa veritable PHÆBE, la plenitude de sa lumiere, en la declarant Regente de son Royaume & de sa Personne. Admirable conjoncture de ces deux Astres! qui se fit sans le deffaut qui se remarque en celle de ces deux flambeaux qui president au iour & à la nuict; dont le premier ne se peut communiquer à l'autre sans eclypse & sans defaillance. Ce glorieux Astre de la France donna sa puissance à sa Lune: Ie veux dire, Le Fils commit son autorité à sa Mere : mais toutesfois sans la perdre & sans la diminuer ou alterer en sa personne. Enfin, qu'il estoit rauissant de considerer ce Prince dans nostre mesme pensée; comme vn luisant Phebus d'ardât de son Lict de Iustice, tout ainsi

que d'vn globe, mille brillantes clartez sur tous les Au-
gustes Senateurs de son Parlement, comme sur autant
d'Astres, qui composoient dans le Ciel de son Thrône
le signe de la Balance, simbole de Iustice qu'il a exer-
cée toute sa vie. Sortons à present du Palais & de cette
ceremonie, pour parler des douceurs & des plaisirs qui
suiuirent cette Declaration en faueur de la Regence,
par le moyen de la Clemence & de la Liberalité de
nostre LOVIS.

Ce Prince qui auoit vne Politique infuse, iugea bien
qu'il ne pouuoit choisir deux moyens plus sûrs pour
rendre son Regne heureux & paisible, que la Benignité
& la Largesse. En effet, le Prince qui veut estre aymé de
ses Peuples regne doucement, comme le disoit de bonne grace le Tragique. Et qui en veut estre admiré, soit
magnifique en leur endroit ; ainsi que le dit aussi adret-
tement vn autre. La raison est, que l'vne oblige les plus
meschans au seruice de leur Prince & de leur Patrie ; &
l'autre accoustume les hommes à bien faire, & à s'éleuer
de plus en plus aux actions glorieuses. D'où resulte vne
telle vnion de tous les suiets auec leur Monarque, qu'on
ne voit que paix & que concorde.

Qui vult a-
mari langui-
da regnet
manu.
Sen. Trag.

Il sceut aussi se seruir si iudicieusemét de ces deux vertus, sçauoir de la Clemence & de la Liberalité, que rap-
pellant par la premiere ceux qui auoient esté esloignez,
pour leur faire gouter les attraits de sa bonté toute amoureuse : remettant par la seconde dans vne plus haute
fortune ceux que le Roy son Pere auoit par maxime te-
nus dedans vne mediocre : Et faisant en fin ressentir à

tous les autres qui se pouuoient rendre recommanda-
bles par leurs seruices les effets de sa magnificence. Il
fit reuoir en son Royaume le Siecle D'or. A quelque
temps de sa Royauté, il s'en alla à Reims pour y estre
Sacré, ce qui se fit auec de belles ceremonies. Il y fut pareillement couronné, apres auoir pris au Sacrement de
Confirmation de nouuelles graces du Ciel, pour parestre
Inuincible & toujours Victorieux au front des Ennemis
de l'Eglise, de laquelle nous l'allons voir incontinent
entreprendre d'vn courage plein de zele, la deffence. En-
suite il reuint à Paris, où on le combla de mille benedi-
ctions qui ne se terminerent pas si tost. Car comme i'ay
dit, l'Age des plaisirs estant de retour, on ne respiroit plus
qu'au milieu des delices & des contentemens. On ne
parloit que de réjoüissances, de jeux, & de diuertissemens. On ne s'entretenoit que de la bonté & de la liberalité du Prince. La Discorde & l'Enuie qui ne cherchent
qu'à troubler les Estats, n'ozant entreprendre sur ce
Regne, le laisserent entierement à la Paix & à l'Amour.
Aussi fut-ce en ce temps d'Amour que la Reyne Regente pensa à faire des Alliances, & qu'elle ietta les yeux
sur cette Auguste Princesse ANNE D'AVSTRI-
CHE, qui rend nostre France si fort illustre par ses ini-
mitables Vertus, pour estre l'Adorable Objet, comme
elle en estoit seule digne, des affections Royalles de son
LOVIS: Et à faire vn second mariage de MADAME
sœur du Roy, auec le Fils aisné du Roy d'Espagne. Afin
que cette double alliance pût estre le nœud Gordien de
paix & d'vnion à iamais entre ces deux Couronnes. Des-

sein

...en qu'on miſſe ſeulement de bon-heur, qu'on ne pouuoit
terminer conclus, & ainſi que les demonſtrations des
iuiſſances telles, qu'il faudroit parler des plaiſirs du Ciel
pour comprendre ceux qui ſe gouſterent pour lors, ſeulement dans Paris. En effet, dans ces extremes ſubtiles
de contentement. Il ſembloit que le Ciel euſt abaiſſé les
Poles, & qu'il fut venu fondre auec tous les torrens de
volupté, iuſques en ce lieu où ſe paſſoient les magnificences du Carofel; ou que la terre ayant ſceu produire
par le ſecours de l'Art, des plaiſirs plus charmans que
ceux du Ciel, elle l'auoit obligé à la venir admirer en
cette Feſte. Il eſt vray qu'on y voyoit les Elemens agrea-
blement confondus, & mille prodiges qui pouuoient
bien deceuoir les ſens non accouſtumez à reſſentir des
objets ſi rauiſſans. Mais ſi l'Amour qui eſt l'inuenteur
des belles choſes, ainſi que l'appelle le Philoſophe Iſido-
re, l'eſtoit de ces paſſetemps, ils deuoient eſtre extra-
ordinaires. Heureux eſtat s'il euſt pû durer touſiours.
Mais comme il n'eſt rien de conſtant au monde que l'inconſtance, & que la meilleure fortune a le pied ſur l'in-
ſtabilité perpetuellement roulante d'vne boule: Ces re-
jouiſſances furent incontinent ſuiuies & interceptées de
troubles ciuils, de partialitez & differens entre les Princes,
qui empeſcherent que la joye du mariage qui fut cele-
bré quelque temps de là ne fut publique. Car pendant
que la Cour triomphoit à Bordeaux dans des contentemens qui ne ſçauroient s'exprimer, à cauſe d'vn ſi glorieux Hymenée. Les peuples en pluſieurs endroits
eſtoient plongez dans les amertumes & les afflictions,

raison de la guerre des Princes. Neanmoins cela se passa
assez doucement. Le Roy eut le loisir d'amener son Es-
pouse à Paris. Il y eut mesme quelque treue en cette al-
tercation ciuile, & elle eust esté entierement éteinte si
l'ambition de quelque particulier qui en estoit le sujet,
se fût moderée. Mais. las! cette passion est trop violente
& trop rapide dans le dessein qu'elle a d'estendre toujours les bornes & ses limites. Elle est trop affamée pour
s'arrester aux termes de sa Fortune, sans courir plus auãt.
Qui ne sçait qu'elle ne demande iamais la diminution
de sa Grandeur, comme le disoit fort bien le Sage Ro-
main à Neron? Au contraire, qu'elle a sans cesse la bouche ouuerte & preste à engloutir ce qu'elle peut atcein-
dre? Ne sçait-on pas que c'est elle qui tient en ceruelle le
Roy des Macedoniens, & qui le met dans le soin de trou-
uer la matiere de nouuelles conquestes? Que c'est elle
qui trouble le repos où il deuoit terminer ses Victoires,
pour le jetter dans les inquietudes de découurir vn autre monde, & par consequent le sujet de nouueaux
trauaux? Cette trompeuse ambition luy persuade qu'il y
a vne seconde terre, & elle luy fait prendre resolution
de la conquerir, quoy qu'il ne tienne encor qu'vne bien
petite partie de celle qui est veritablement. Et luy donnant toutefois le nom de Grand, pour le regard de cette
cheriue portion qu'il en ocupe, elle luy fait apprendre
la Geometrie pour mesurer cet autre monde imaginaire.
Ce fut de cette sorte qu'elle s'obstina à troubler la paix
de nostre Royaume, non en iettant l'orgueil en l'esprit
d'vn Prince, mais d'vn simple Estranger homme de

nement, qu’elle enfla à tel point de préfomption, que ne
fe pouuant contenir dans la grandeur où la bonté du
Prince l’auoit eſleué, il conceut des eſperances, & forma
des deſſeins au prejudice de ſa Couronne. Ce qui ayant
eſté reconnu par quelques Princes & fidelles ſujets du
Roy, qui ne pouuoient ſouffrir cette inſolence, les obligea pour punir ſa temerité, à rallumer de nouueau la
guerre ciuile, & de telle ſorte, qu’elle ne pût s’éteindre
qu’auec beaucoup de peine, & ſans la ruine de ce Teme-
raire qui en auoit eſté la cauſe.

Le Prince ſe ſentit contraint d’auoir recours aux re-
medes extrêmes, dans vn mal qui l’eſtoit pareillement.
Il vit qu’il ne pouuoit euiter les funeſtes effets de l’orage
qui ſe formoit, qu’en le faiſant plus promptement re-
ſoudre. Il vit qu’il luy étoit impoſſible de s’aſſûrer, ou
d’apaiſer les offencez, qui ne l’eſtoient que pour ſon in-
tereſt, qu’en puniſſant le Coupable. Il fut donc obligé
de faire ceder ſa douceur à la iuſte ſeuerité, & de preci-
piter dás vne honteuſe chûte ce Superbe Geant qui vouloit eſcheler le Ciel de ſon Empire. Chacun en ſçait l’hiſtoire, il n’eſt pas neceſſaire de la déduire. Seulement
auanceray-je que cette execution raſſûra le Royaume,
& remit la paix par tout. De ſorte que noſtre LOVIS
ayant eſtouffé l’Hydre facticuſe, acoiſé entierement les
troubles ciuils, & affermy ſa puiſſance, il eut les moyens
de penſer à faire des Exploits qui puſſent eſtre à la gloire de Dieu. C’eſt icy où noſtre Iuſte va conquerir le tiltre
de Parfait Victorieux: Puis que tout ce que LOVIS
entreprend deſormais, n’eſt que pour honorer Dieu &

l'Eglife fon Efpoufe. De fait , quelques temps apres il
s'en va en Bearn, où il a tant de bon heur, qu'à peine y
voit-on pareftre fes armes, qu'il foufmet tous ces peuples
rebelles à fon autorité Royalle, & les contraint d'embraf-
fer la Religion Catholique. Trophée qu'on ne peut affez
admirer. Remettez-vous deuant les yeux le petit Dauid
s'appreftant d'affronter Goliad, & s'en allant hardiment
attaquer cette puiffance, qui fembloit inuincible , auec
l'infirmité & la fébleffe de fa ieuneffe. Et puis, regardez
noftre L O V I S en l'âge de dix-neuf ans, à la tefte des
Infideles ; ou pour mieux dire , au front de l'Herefie que
cinquante années auoient mife dans vne force, fans mentir indomptable. Lequel des deux, à voftre auis, a fait vn
plus grand exploit? Tous deux furmontent les Ennemis
de Dieu: Mais l'vn dompte feulement la force du corps, &
l'autre flechit celle de l'efprit & du corps. Noftre Monarque s'affujetit celuy-cy , & gaigne l'autre à Dieu: il n'y a
point de comparaifon. O grãd L O V I S! que vos Exploits
font merueilleux dés vôtre plus tédre ieuneffe; ce font des
exploits tout diuins : ce font des exploits pour la querelle
de Dieu ! En vn mot, ce font des exploits pour redreffer
fes ennemis en la rectitude de fes chemins. Tellemét que
vous pouuiez dire ce que difoit autrefois le Roy Pro-
phète, *Docebo iniquos vias tuas, & impij ad te conuertantur.*
Voila le premier effay de ce ieune courage efchauffé
pour la gloire de Dieu. Voyons les autres.

En fuite les Chefs de cette Monftrueufe Statuë de la
Religion pretenduë reformée, ayant leué des troupes, &
demandé le fecours de l'Eftranger contre eux-mémes,

puis

puis que c'eſtoit pour la ruine de leur Patrie ; Au lieu de
ſe rendre à la bonté du Roy qui les en auoit ſollicitez
par tous les moyens imaginables. Ce Mars Chrétien,
qui eſtoit déja accouſtumé de combatre pour l'Egliſe,
ſe reſolut d'aller châtier leur orgueil, & punir leur inſolence. Il enleua d'abord les plus fortes places ; & tandis qu'il prit par la vertu des armes pluſieurs villes en
Languedoc & en Poiĉtou ; pluſieurs autres ſe laiſſerent
emporter aux douces ſemonces de ſa Clemence. Il n'y
eut que la Rochelle qui éuita pour cette fois d'eſtre priſe;
mais ce ne fut que pour dauantage faire éclater la con-
queſte que noſtre inuincible L O V I S en deuoit rem-
porter en vn autre temps.

En effet, ſa reduction eſt merueilleuſe, & elle paſſe-
ra pour vn miracle à l'endroit de la poſterité la plus re-
culée de noſtre ſiecle, qui en ſçaura les particularitez.

Cette Fameuſe Ville, qui depuis tant de temps s'étoit
montrée rebelle à ſes legitimes Monarques : Toute en-
flée & bouſie de ſuperbe qu'elle fut à cauſe de la force
de ſes remparts, & de la proximité de la mer, ne put
reſiſter à la Pieté & au Iugement de L O V I S, qui luy
donnerent l'inuention d'vne machine, contre laquelle
elle eſpera inutillement l'aſſiſtance d'vn Prince Etran-
ger, & du double & ordinaire mouuement de l'Euripe.
Cét ouurage entierement diuin ſurmonta tout enſemble, & les fougues de l'Element terrible où elle fondoit
tant d'eſperances, & l'audace de celuy qui entreprenoit
de la ſecourir. Et l'obligea en vn mot, de preuenir le
iuſte chaſtiment que le Roy pouuoit prendre de ſa vieil-

F

le defobeyffance, en recourant à fa Mifericorde, dont elle reffentit les agreables effets. Ouy, cette fourcilleufe & fiere ville, mais indigne d'en porter le nom, fe vit abatuë en eftat où elle penfoit eftre inacceffible. Et apperceut en fa prife ce prodige de la vertu de LOVIS, qui fceut donner des bornes à vn Element qui n'en peut fouffrir; & le contraindre auec la même authorité, qu'autresfois Iofué arrefta le Soleil au milieu de fa courfe, pour eftre le témoin de fa victoire: Heureufe en ce point, qu'elle fut furmontée auec vn fi grand appareil, & par fon Prince legitime: Mais auffi moins heureufe, en ce qu'elle apprit de l'obeïffance d'vne creature infenfible, celle qu'elle eftoit obligée de rendre à fon Monarque.

Cette victoire ne fut pas remportée feule: Toutes les autres villes qui auoient participé à fa rebellion, acheuerent le trophée de noftre Glorieux Vainqueur, non tant par la violence de fes armes, que par les attraits de fa Douceur & de fa Clemence, qui conclurent le refte de fon Triomphe. Auec cet auantage, qu'il reftablit en tous ces lieux la vraye Religion, qui eftoit la fin principale de fes trauaux.

Depuis cette conquefte qui en renferme en foy plufieurs, il ne fit que vaincre & que furmonter; mais toujours pour la gloire de Dieu, où le falut de fes Alliez, & de fon prochain, plus que pour fes propres interefts. Nous l'allons voir.

Les Efpagnols tenoient Cazal inuefty d'vne puiffante armée; il fe refolut de l'aller fecourir. Et quoy que mille difficultez femblaffent refifter à fon pieux defſein, & que les glaces & les neiges qui tenoient les Alpes comme enſeuelies luy'en fermaſſent entierement les paſſages, il ne laiſſa pas de s'y auancer, prenant tous ces obſtacles pour autant de ſujets de mettre ſa vertu à l'eſpreuue, & la rendre glorieuſe par la victoire qu'il en remporteroit. En effet, tous ces empeſchemens furent conuertis en honneur & en gloire par ſon courage. Il paſſe & force Riuole & Perouſe, il préd Pignerol à la veuë de ſon Alteſſe de Sauoye; de Spinola, qui ſe faiſoit appeller Polioceltes, ou preneur de villes; de Collalte; & au frond de trois puiſſantes armées; & deliure genereuſemét cette Pauure Captiue. Il ſauue & affranchit L'Italie dés courſes & des rauages des Ennemis, & aſſure les Eſtats du Duc de Mantoüe & les ſiens. En quoy vous voyez que ce Prince trauailloit touſiours pour la deffenſe des oppreſſez, & la conſeruation de ſon prochain autant que pour celle de ſon Empire. C'eſt ainſi qu'il acquit tous ſes autres Triomphes, ayant d'vn coſté l'amour de Dieu en veuë comme le premier, & de l'autre l'amour du Prochain qui en procede.

Ie ne déduiray point par ordre ny dans toutes leurs circonſtances les autres Victoires; D'autant, qu'outre que mon deſſein n'eſt pas de faire vne Hiſtoire, comme vn Diſcours à l'honneur de noſtre Prince; Ie ne le pourrois en ſi peu de lignes que ce doit terminer cét ouurage. Il ſuffit qu'on ſçache qu'il a eſté Conquerant en autant d'endroits qu'il a porté ſes Armes, & qu'il n'y a point eu de Place qui ait peu reſiſter à ſa Valeur.

NANCY, cette ſuperbe qui auoit regardé iuſques alors

auec trop de mol prit les plus Victorieux, n'osa luy dé-
nier de le reconoistre pour son Roy, contre la pensée de
ceux même qui la croyoient inuincible.

ARRAS ne s'est pû dedire non plus de flechir sous
sa Vertu.

TVRIN, cette ville opiniastre & desobeyssante à ses
vrais Princes, n'a elle pas esté pareillement abatuë, non-
obstant la force des assiegez, & la feblesse des assie-
geans? Ces circonstances n'ont fait que rendre le dessein de son siege plus admirable, & sa reddition plus
glorieuse.

En fin la Victoire qui le suiuit constamment par
tout, le fit triompher dans le Piedmont, dans la Loraine, & dans l'Artois.

PERPIGNAN au milieu de ses motagnes & de ses forts
qui luy donnoient tant de presomption, & malgré le secours qu'elle attendoit d'vn element déja vaincu, a esté
semblablement contrainte de se rendre: Que dis-ie
contrainte, elle se rendit à l'Amour; Ouy ne voulant
point éprouuer l'inégalité de sa force auec la valeur de
son Roy, elle ayma mieux gouter les effets de sa Clemence. Ainsi pour acheuer brieuement les progrez de
nostre Prince, autant Chrétiens que Politiques, il se rendit Maistre de la Loraine, & de l'Artois, rendit le Piedmont à ses Princes, & conquit le Roussillon. Voila en
gros les Victoires de cét Illustre Vainqueur sur ses ennemis. Examinons maintenant celles qu'il a remportées
sur luy-même, qui sont sans comparaison beaucoup
plus importantes & plus considerables.

Ie deuois

Ie deurois bien promener vos esprits par tous ces lieux qui seruent de champ aux Conquestes de nostre Roy, comme si ie n'auois pas assez des Victoires qu'il a obtenuës sur soy-mesme pour vous entretenir? Ou que tant de vertus Chrétiennes qu'il a pratiquées aux yeux de toute la France, n'estoient pas suffisantes pour remplir ce Discours? Certainement vne seule de ses conquestes sur les passions, & vne seule de ses vertus pourroit enfler plusieurs Discours tout à la fois.

Pour commencer par le Triomphe des passions, il faut remarquer qu'il y en a de deux sorte. L'vn qui regarde le seul Indiuidu qui surmonte, & son profit particulier: L'autre qui regarde encor l'interest d'autruy comme relatif. Ie m'explique par cét exemple. Lors que quelqu'vn maistrise la concupiscence, toute l'vtilité de cette Victoire le regarde seulement. Mais quand vn homme qui a receu vne injure, au lieu d'en prendre raison étoufe ce mouuement de vengeance en pardonnant à son ennemy; ie dis que non seulement celuy qui remet l'injure a la gloire de s'estre surmonté? mais encor que celuy qui auoit offensé a des auantages d'vn tel Triomphe, en ce qu'au lieu de ressentir des effets d'indignation, il ressent des effets de Douceur & de Misericorde. D'où ie pourrois aussi conclure que celuy qui demeure victorieux de la volupté, ne pratique que la vertu qui luy est opposée, à sçauoir la chasteté; ou vn autre qui étoufe sa colere, pratique non seulement la vertu qui luy est contraire, comme la Force, mais outre cela, celle de la Clemence.

G

Hé que nostre Prince a remporté admirablement
ces deux fortes de Triomphes sur soy-même. Pour le premier. Helas, Il a tellement sceu mespriser les plaisirs où
les voluptueux fondent les plus solides contentemens
de leur vie, quoy qu'ils s'en soient la ruine entiere ! qu'il
sembloit que la Chasteté & la Continence fussent des
Vertus Naturelles en luy, plûtost que Morales. Ie ne
veux aporter autre preuue de la verité que je publie, que
la seule experience que toute la Cour en a euë, y ayant
gardé sa grandeur toute entiere parmy le grand nombre
des beautez qui s'y rencontrent, & la modestie auec laquelle il s'est comporté même dans son Mariage, qui
peut faire dire, qu'il y a vécu chastement, autant que les
loix le peuuent permettre. De sorte qu'on ne luy sçauroit denier pour ce regard l'inscription qu'vn Empe-
reur fit autrefois grauer sur son Tombeau.

Maxima cunctarum victoria, victa voluptas.

Que la plus grande des Victoires de LOVIS, est celle qui l'a rendu Maistre de la Volupté. Ou bien que
LOVIS a obtenu la plus haute des Conquestes, à
sçauoir celle de la Volupté.

Quand au second Triomphe, il l'a remporté si com-
munément & si euidemment à tous, que je ne crois pas
que personne luy veuille contester ce Trophée. Dés sa
premiere enfance, & son entrée dans la grandeur Royalle, Il a donné des marques si fortes de la Victoire qu'il
remportoit sur la Haine & la Vengeance, par le par-
don qu'il accorda à plusieurs qui auoient offensé HEN-
RY LE GRAND son Pere, & qui exerçoient en-

cor leur malice contre fa propre perſonne, qu'il n'ap-
partient qu'à l'Enuie & à la Ialouſie de le débiter. Mais
il n'a pas eſté ſeulement abſolu ſur les ſentimens de vengeance & des plaiſirs deſhonneſtes. Il a par vn plus grand
exploit, dompté toutes les Paſſions enſemble, & fait de
ces rebelles orgueilleuſes les illuſtres captiues & ſujetes
de la Raiſon. O le grand Prince! O le puiſſant Monarque! O le parfait Modelle des Roys! O l'vnique Victorieux! Les autres ne ſont pas Roys, à proprement
parler, qui n'étendent leur Autorité que ſur des Royaumes & ſur des Peuples, ſans iamais la reflechir ſur
eux même, qui ne s'amuſent qu'à guerroyer des Villes,
& à vaincre les Ennemis de dehors; ſans penſer vne
fois à combatre chez eux, & y ſurmonter vn peuple rebelle, & mille fois plus deſobeyſſant & à craindre, que
toute ſorte d'autres Ennemis. Mais noſtre LOVIS eſt
veritablement Roy, & tout enſemble Parfait Victorieux. Puis qu'outre qu'il tient vn Empire Phyſique
ſur quantité de Nations & de Sujets; il étend encor vn
Empire Moral ſur toutes ſes Paſſions. Qui eſt le ſeul Parfait, duquel entend parler Seneque le Philoſophe, quand
il dit: Si vous voulez eſtre puiſſant & abſolu ſur beaucoup de Princes, ſoyez-le ſur vous-même, en vous aſ-
ſujettiſſant à la Raiſon, qui vous apprendra par conſequent à bien regner, & à tout entreprendre heureu-
ſement.

Il ne reſte qu'à parler de ſes vertus, comme ie vous
ay promis, non pas de ſes vertus Morales, i'en ay touché
les principales en diuers endroits; & puis en montrant

qu'il auoit dompté toutes ses passions, il est demeuré vray qu'il a exercé toutes les vertus Morales qui leur sont contraires, l'entends donc de ses Vertus Chrétiennes & surnaturelles ; de sa Religion, de sa Pieté, de sa Foy, de son Esperance, & de sa Charité, qui est la Reyne de toutes les autres, & sans laquelle il n'y auroit point de difference entre vn Payen & vn Chrétien, ny entre la loüange de l'vn, & la loüange de l'autre.

Que Toutes ces Vertus se sont parfaitement rencontrées en nostre Prince ! Que la Religion a esclaté dans chacune de ses actions ! Que la Pieté a paru en ses œuures ! Que la Foy auoit répandu de lumieres en son Esprit ! Que l'Esperance auoit mis de confiance en son Ame ! Et que la Charité luy a donné de tendres sentimens de Dieu & du Prochain. Ces Vertus ont commencé sa vie ! ces mesmes Vertus l'ont acheuée ! Iustiffions tout cela, ie vous prie, par les Experiences que ses Sujets & ses Ennemis en ont euës également.

Pour suiure nostre ordre, & commencer par la Religion, Qui niera qu'il a esté le plus Religieux Prince que le Thrône François ait iamais porté, & qu'il a plus trauaillé pour l'auancement de la Religion, qu'aucun de ceux qui l'ont precedé? Ses Victoires, desquelles i'ay parlé, en sont les honorables marques; & ie rafraichiray seulement en passant, celle de la Rochelle, où ie peux dire qu'il fut étoufer l'Heresie iusques dans son centre. De sorte qu'il faut auoüer qu'il étoit le Bouleuard & l'vnique Deffenseur de l'Eglise, contre lequel tous ses Ennemis ne sont venus heurter que pour faire vn honteux naufrage,

naufrage, & rencontrer leur debris.

Quant à la Pieté, elle a esté si ordinaire, & si euidente, qu'elle a autant de témoins qu'il a eu de Sujets, & qu'il y a de Temples & d'Eglises par tout son Royaume. Les premiers l'ayant veu le plus souuent en priere, & les autres presque toujours en Oraison deuant leurs Autels. Mais cette Vertu se manifestant encore par les Temples que l'on Edifie à Dieu, & les presens dont on orne & enrichit ses Eglises. Il suffit pour la faire paroistre en perfection en nostre Prince, que tous les endroits de la France conseruent les precieux gages de cette Pieté.

Voyons maintenant dans ces vertus de Religion & de Pieté, les trois Vertus infuses qui l'ont rendu vainqueur du Ciel, aussi bien qu'il l'a esté des Royaumes terrestres.

Sa Foy s'y fit admirer par le grand respect qu'il porta aux choses Saintes. Estant vray que comme dans les Maximes humaines nous n'auons pas de respect, que pour ce que nous croyons en meriter ; ce qui presuppose la conoissance : Qu'ainsi il croyoit parfaitement, ce qu'il honoroit de même ; La croyance dans les mysteres spirituels estant à peu pres, ce qu'est la demonstration sensible à l'égard des corporelles, chacune donnant des notions & des conoissances proportionnées à son objet. Mais ie pourrois bien auancer en faueur de nostre Prince autant que de la Verité, qu'il a monstré par ses actions, en presence des Mysteres, estre le Parfait Croyant. Car il seroit impossible d'estre sensiblement

touché, de même qu'il l'a esté dans l'vsage des Sacre-
mens, s'il ne les auoit crûs d'vne Foy parfaite & Sou-
ueraine. Combien de fois luy a t'on veu verser amere-
ment des pleurs, estant prest de receuoir les consolations
de Dieu, par la façon la plus amoureuse que sa Diuine
Majesté se communique à nous au Sacrement de l'Au-
tel. Il n'a iamais communié que ce n'ait esté auec de pa-
reils ressentimens. Ce qui m'oblige à penser entrant dans
la seconde Vertu, qui est son Esperance, que s'il a crû de
la sorte, elle doit auoir esté admirable.

Il est vray qu'elle a esté sans exemple. Ce Prince en a
rendu des tesmoignages qui me dispensent d'entrer à la
iustification de ma proposition. On sçait que dans les
plus grands sujets de desesperer du bon succez de ses armes en plusieurs sieges où il s'est rencontré, il auoit cette confiance si grande, que d'elle seule il tiroit toute sa
force & son courage. Et sçachant bien que l'Esperance
qu'on a au secours de la terre est souuent trompeuse &
remplie d'illusion. Il n'auoit iamais recours qu'au Ciel,
disant auec le Prophete: Mon Dieu, i'espere en vous que
ie ne seray point confondu. Et comme il n'entreprenoit
rien qu'il ne pensast estre à la gloire de Dieu: car c'estoit
sa premiere pensée; Aussi trouuoit il toujours cette Prouidence en estat de le secourir. C'est pourquoy on ne
doit pas s'étonner, s'il a aussi souuent surmonté ses Ennemis, qu'il les a combatus. C'estoit cette Vertu d'enhaut
qui triomphoit par son bras, ou bien LOVIS qui
triomphoit de ses Ennemis par cette Vertu. Mais nous
irons au dernier point de conuiction qu'il a parfaitement

Spes homi-
num fallax
& inanis
gloria.
Dionys.
Carth.

Speraui in te
Domine non
confundar.

crû, & souuerainement esperé, en monstrant qu'il a parfaitement aymé.

Entrons, s'il vous plaist, dans ce beau Cercle de Lumieres: C'est ainsi que le Diuin Saint Denys, appelle la **S. Dion. c.**
Charité. A cause que comme chaque partie du Cercle **4. de diui-**
se pert tellement dans l'autre, qu'il est tousiours fer- **nis nomin.**
mé. De même l'amour Diuin estant double, à sçauoir ce-
luy de Dieu, & celuy du Prochain: mais celuy-cy en
veuë de celuy-là, que venant de l'amour de Dieu à celuy de la Creature, nous nous retrouuóns sans cesse
dans celuy de Dieu comme dans sa source, & voyóns
ainsi les deux bouts de ce Cercle mysterieux joints ensemble. Nostre L O V I S n'ignoroit pas, qu'encor que
la Foy & l'Esperance soient deux aisles qui esleuent le
Chrétien vers le Ciel, neantmoins elles ne luy peuuent
porter sans la Charité, laquelle diuisée en ses deux bran-
ches, en vaut deux autres absolument necessaires. Il n'i-
gnoroit pas, dije, qu'on arriue à l'Eternité qu'en Che-
rubin, c'est à dire, auec ces quatre aisles jointes ensemble. Il sçauoit bien que croire sans aymer Dieu, ce n'é-
toit pas croire en Chrétien, d'autant que le Chrétien
croit vn Dieu comme sa fin quand il a la Charité: au
lieu que tous les autres croyent Dieu simplement, &
non en Dieu. Il sçauoit, bref, qu'esperer le mesme Dieu
sans auoir sa dilection, n'étoit pas esperer en Chrétien. **Multi sunt**
Parce qu'il n'y a que celuy qui brusle du sacré feu de son **qui verbis**
Amour qui ose & qui doiue esperer sa jouïssance. C'est **confitentur**
pour quoy ne voulant pas auoir vne Foy & vne Espe- **Deum, fa-**
rance commune auec ceux qui confessent Dieu de bou- **Elis autem**
vegant.
Tit.1.

H ij

che feulement, & qui le niant par leurs paroles, ne laif-
fent pas de l'efperer : Il fait des bonnes œuures, mais
des œuures qui prennent vie dans cét Amour de Dieu
qui eft la fource de la vie de toutes les actions Chrétiennes, afin qu'il les puiffe meritoirement exercer à l'endroit de fon Prochain. Ses frequentes Communions
auec les tendreffes que i'ay tantoft remarquées, & les
Hofpitaux qu'il a fait baftir dans Paris (Sacrez Depofi-
taires de fa Charité) font dans leur filence plus puiffans
que le Difcours, pour vous perfuader cette Verité. Di-
fons vn mot feulement des aduantages temporels que
L O V I S eut en l'exercice de toutes ces Vertus, atten-
dant que nous foyons arriuez à ceux qu'il a acquis pour
l'Eternité.

C'eft vrayment icy qu'il faut voir tout de bon ce Prince Victorieux, puis que mon deffein a efté de le faire
confiderer par tout Triomphant & Vainqueur. Il a
Triomphé des Ennemis de Dieu & de ceux de fon Eftat
par fa Pieté & fa Religion ; Il a Triomphé de toutes
les paffions par fes Vertus Moralles ; Il a Triomphé des
Doubtes & des Erreurs par fa Foy fans pareille ; Il a
Triomphé de la Crainte & du Defefpoir par fon Efpe-
rance, qui ne fouffroit point de comparaifon ; & tous
ces Triomphes font couronnez par celuy qu'il fait de la
bonté de Dieu. Vous l'allez voir, & vous le fçaurez.

Apres auoir efté long-temps (toutefois dans l'abondance des graces & des faueurs du Ciel) fterile & fans
heritiers de fa Couronne ; quoy qu'il euft fouuent impor-
tuné Dieu de luy donner ce contentement, & qu'ainfi il
d'ût

d'ût perdre Esperance pour ce regard. Neantmoins il ne se lasse point de tenir sa priere eleuée deuant le Diuin Monarque, sur l'aîle de ses soûpirs, de sa Foy, de son Esperance, & de sa Charité. Ha ! la Genereuse Constance ! ô la Grande Confiance en Dieu ! Mais que le fruit de cette Perseuerance est pareillement Glorieux. Nostre Roy gaigne Dieu, & apres l'auoir, s'il faut ainsi dire, combatu long temps, il le contraint à ce qu'il desire. Dieu donne la fecondité à sa Semence, & luy fait present d'vn Dauphin. O le Diuin succez ! ô le Miraculeux euenement ! ô le Puissant Triomphe ! Toutefois Grand Roy, souffrez icy que ie vous oste vne partie de la Gloire, pour en honorer la Vertu de vostre Epouse : car elle a sans doute contribué à cette Victoire. Ouy, Princesse tres-aymable ! vos vœux & vos prieres ont esté de la partie, & ont fléchy la Diuinité, aussi bien que les deuoirs de vostre Espoux à vous accorder cette grace, qui vous a renduë si gracieuse, & vous rend encor aujourd'huy si admirable à toute la France.

Mais ce bien-fait ne vint pas seul du Ciel, il ne s'ouurit pas si estrettement ; Il le fit donc suiure d'vn second incontinent apres ; Et ce Royal couple d'Amans aussi parfaits dans la Grace que dans la Nature, virent deux enfans tous deux heritiers legitimes de leurs Perfections, bien qu'il n'y en eust qu'vn qui pûst succeder à leur Empire.

Desirez-vous encor d'autres Victoires de L O V I S ? Tant de secretes menées, tant de conspirations contre sa Sacrée Personne miraculeusement découuertes, peu-

uent estre mises au nombre de ses Conquestes. Dieu
l'en auoit preserué dans les premiers iours de son Regne;
il l'en a sauué sur la fin Comme vn Alcide plein de cœur,
il a tranché la teste à tous les Hydres factieux, & étoufé
tous ces monstres de Rebellion, iusques dans leur Antre,
pour en exterminer entierement la race funeste. Il a esté
encor le Maistre de ses propres necessitez, souffrant auec
patience la faim, la soif, & la priuation de ses autres be-
soins & honnestes plaisirs; en plusieurs endroits où la ste-
rilité des lieux, la difficulté des passages, la seuerité des
saisons, & la rigueur des Elemens sembloient seconder
ses Ennemis; Adoucissant les choses les plus dures auec
sa Vertu; Semblable à ces fleuues d'Elyde, lesquels pas-
sent au milieu des ondes ameres de la mer Adriatique,
pour se couler dans le sein d'vne riuiere, qui est en Sici-
le, sans rien contracter de l'amertume de ses eaux. N'est-il
donc pas vray que LOVIS est le Parfait Victorieux,
Et qu'on ne luy sçauroit débiter ce tiltre? N'est-il pas aussi
constant, que IESVS-CHRIST ne luy peut refuser la
place qu'il luy a promise sur son Thrône? C'est aussi
à ce repos qu'il l'appelle. Il faut maintenant que
LOVIS quitte tous les Triomphes d'icy bas pour
ceux du Ciel. La Diuine Prouidence l'attire à sa gloire,
& luy fait changer son Diadême temporel à la couronne eternelle que ses propres Vertus luy ont façonnée
dans le sein de Dieu. Voila sans mentir d'extrêmes auantages pour LOVIS; mais vne disgrace sans pareille
pour nous.

    Le pourray-je bien dire? pourrez-vous l'entendre?

pourray-je sans verser des pleurs, parler du trepas de nostre Roy? pourrez-vous, sans jetter des soûpirs, en souffrir le Discours? Ce changement étrange m'interdit l'exercice des sens; ie suis tout glacé à force d'y penser. L'affection neantmoins que i'auois pour mon Roy estant comme vn feu immortel qui ne se peut éteindre, font cette glace pour en conduire l'eau par mes yeux. Afin qu'ils exercent l'office de ma langue, comme exprimant plus parfaitement par ce langage des larmes, les ressentimens du cœur, qu'elle ne feroit pas auec beaucoup de paroles.

LOVIS le Iuste est mort: ha! le même feu qui a fondu mon cœur en larmes, fait entor violence à cette letargie qui tient ma langue arrestée dans son palais, & malgré la douleur rompt ses liens, & luy donne la liberté de vous dire, que nostre Monarque est mort.

Puis que ie suis contraint à ce deubir, reprenez donc vostre constance autant qu'il vous sera possible, tandis que ie reprimeray autant qu'il sera en moy la douleur qui m'afflige, pour vous entretenir de sa maladie.

Nous auons chez nous des Semences qui ne peuuent germer qu'en des fruicts de leur nature: Ie veux dire qu'en nostre composé il y a des humeurs qui ne peuuent causer que nostre ruine. Mais ces humeurs receuant leur influence des quatre Qualitez, dont les Mouuemens bien ou mal reglez font leur bonté, ou leur moindre ou plus grande Malignité: Si celles-cy sont dans vn iuste temperament, celles-là causent la bonne disposition: Si au contraire en discort, selon le plus ou le

mbiüs, nos humeurs deuiennent nuisibles & destruisan-
tes. Mais quand l'harmonie des vnes est entierement
interrompuë, les autres ont des effets entierement mortels. Ce Principe general & naturel des maladies & de
la mort posé : ie diray, Que ce fut dans le soin d'acheuer la Conqueste du Roussillon, que ces funestes Semences commencerent par leur inegalité à faire remarquer vne disgrace notable en la Santé du Roy. De
laquelle ayant neantmoins esté preserué en apparence,
soit que Dieu, dont les decrets sont autant Adorables
que cachez, voulut qu'il augmentast la gloire de son
Empire de ce nouueau Trophée. Soit qu'il voulût qu'il
vint receuoir dans la Principale & plus fidelle de ses Villes, les applaudissemens & chants de Triomphe qui
estoient dûs à ses laborieux trauaux ; Soit encor qu'il
desirast, qu'il eust le contentement indicible de mettre
en son estat les Ordres qui le rendent si florissant apres
son deceds. LOVIS reuint à Paris. Ou à peine eut-il le
loisir de receuoir les témoignages d'obeïssance & de fide-
lité de ses Sujets, & de reposer trois iours à l'ombre des
Lauriers, qu'aussi tost il est surpris d'vn nouuel Orage.
L'impitoyable Parque vient troubler la Feste de la ré-
jouïssance, & au lieu des trois mois qu'il falloit employer
aux Demonstrations de ioye, elle affligea ce genereux
Conquerant, tout ce temps-là, d'vne maladie qui le tint
sans tréve dans les douleurs, & toute la France dans les
plaintes ; & dont le succeds & la fin fut la mort de ce Prince ; & le sujet d'vn deüil general par tout le Royaume.
Dequoy vous entretiendray ie en ce rencontre, se-

ra ce

ferme dans la lice sans craindre en aucune façon ses
Ennemis.

Toutes les penſées qu'il eut , & toutes les paroles
qu'il dit, furent ſur la Bonté de la Prouidence Eternelle , & l'humaine fragilité , rendant continuellement
action de grace à la premiere de ſa Miſericorde ; &
condamnant ſans ceſſe l'Inconſtance de celle-cy par ſes
genereux mépris. Et ces Sentimens Chrétiens ſoûte-
noient ſi fort les fébleſſes de ſon corps dans les plus
grandes ſouffrances, qu'il ne témoigna iamais la moindre impatience. Il luy arriuoit quelquefois de s'écrier à
Dieu qu'il s'ennuyoit de viure; mais c'eſtoit par vn principe d'amour qu'il lâchoit ces paroles ; comme voulant
monſtrer qu'il luy eſtoit impoſſible d'aimer au prix
qu'il aimoit Dieu, & de n'être pas ioint à Luy, n'y ayant
rien de plus naturel à l'amour que la ioüiſſance de ce
qu'il ayme. Ou bien que ſa Charité voulant retourner
à ſa ſource, elle l'y éleuoit ſi puiſſamment qu'il n'étoit
plus ici bas qu'en vn Eſtat de violence.

A la verité les ſentimens de ſon mal incommodoient
ſi peu ſa Vertu, qu'elle ſe vit glorieuſement conſeruée
dans ſes priuileges iuſques à la fin. Et i'oſe auancer que
comme LOVIS auoit eſté Victorieux en toutes ſes
actions, il le fut encor en ſes douleurs.

Qu'elle Generoſité ne fit-il pas pareſtre, lors que re-
gardant le Corps qu'il deuoit incontinent abandon-
ner ; il dit à quelqu'vn de ſes Seigneurs en leur montrant ſon ſein deſcouuert, ces paroles vrayement Chrétiennes, Vous voyez que la condition des Roys ne les

L

esleue point au dessus de la Nature des autres hommes,
Vous voyez que Nostre Grandeur ne nous peut affran-
chir du sort commun ; & que nous sommes suiets aux
miseres de tous les autres. Sont cela les paroles d'vn
Roy ; mais d'vn Roy homme? ou les paroles d'vn Dieu?
Certainement il n'appartenoit qu'à Iesus-Christ, d'affronter la mort auec tant de resolution & de Constance : ou à vn Chrétien soutenu de ses graces toutes particulieres comme l'estoit LOVIS. Mais il s'estoit
toute sa vie entretenu dans cette serieuse meditation
des infirmitez humaines & de la Mort. C'est pourquoy
on ne doit pas s'étonner qu'il paresse si resolu quand elle approche. Il se l'étoit renduë si douce par la con-
tinuelle pensée qu'il en auoit euë, qu'il ne la pouuoit
apprehender. Il la regarde plûtost comme le passage
d'vne vie momantanée & toute tranchée de Mal-
heurs ; à vne perpetuelle, & toute remplie de felicitez.
Il la considere comme vne Translation des choses pe-
rissables, à celles qui sont incorruptibles : de la sterili-
té à l'abondance : de l'hyuer au printemps ; des fleurs
aux fruits : du trouble & de la confusion au repos &
à la paix ; en vn mot de la mortalité à l'immortalité,
& du temps à l'éternité. Il sçauoit que la vie tempo-
relle n'étoit rien du tout qu'vne herbe qui a quelque
verdeur au matin, mais qui est seche & fanée sur le
soir, ou qui tombe au moindre souffle de vent. Il auoit
apris, que ce n'est qu'vn peu de boüe & vn peu de
poudre ; vne fleurette qui se passe plûtost qu'elle n'est
eclose : vn petit vent, vne fumée. Vne vanité, vn

point de temps, vn passé qui n'est plus, vn present qui se pert à l'instant qu'il parér, vn futur incertain, & moins encor, vne ombre fuyarde. Il auoit reconû que c'estoit le regne de l'inconstance, & qu'il n'y auoit rien de durable que le changement, qui fait voir sans cesse les choses sous vn nouueau visage, qui donne tantost de beaux iours, & tantost en fait voir de nebuleux & ombragez de brouïllards: qui nous montre auiourd'huy la terre parée de belles fleurs & chargée d'agreables fruits, & demain si tristement denuée de ces riches ornemens, quelle fait horreur: qui rend maintenant la Mer calme, & puis si fort émeuë, que souuent les vaisseaux brisent au même endroit qu'ils sembloient se iouër auec les flots: & qui déguise en vn mot sans cesse toute la Nature par ses retours & ses alternatiues vicissitudes, de telle façon qu'à peine y peut on rien conestre. Et auec ces traits, & ces couleurs, il auoit fait vn Tableau de la Vie & vn Tableau de la Mort. Dans le premier il n'y auoit reconû que fragilité, qu'inconstance: dans le second à l'opposite, il y auoit decouuert la fermeté, l'assurance: Dans celuy-là, que maux, & qu'afflictions: Dans celui-cy, les plaisirs & les contentemens; dans l'vn que mortalité, dans l'autre l'immortalité: dans Celuy de la Vie que guerre & que trouble; dans celuy de la Mort, la Paix & la Concorde: Dans celuy de la Vie que le Temps, dans celuy de la Mort, l'Eternité.

Ha! qu'il deuoit donc merueilleusement mépriser la Vie, & estimer la Mort! Qu'il deuoit blasmer les info-

licitez de celles-là, & loüer les plaisirs de celle-cy. C'est
ce qui fait qu'il se soucie si peu de la Vie, & qu'il cherit
si fort la Mort, qu'à tous momens il l'appelle, & la demande à Dieu par ces paroles amoureuses, *Tedet animam
meam vitæ suæ.* La voila aussi qui s'aproche. Mais auparauant nostre L O V I S desire rendre les derniers témoignages de sa Bonté & de sa Clemence: Vertus principales qu'il auoit exercées pendant sa Vie. Il veut par-
donner à ses Ennemis; Il le declare hautement, & pro-
teste en presence de toute la Cour, qu'il n'a aucuns ressentimens que de douceur pour ceux qui l'auoient of-
fencés, auec quelqu'vn desquels même il se reconcilie
pour preuue de ce qu'il disoit.

Bien dauantage, le diray-je, ce trait de la plus grande tendresse qu'vn Roy puisse iamais auoir pour son
Peuple ? Ouy ! puisque c'est ce qui vous doit obliger,
aussi bien que moy, à l'aimer & honorer toute vostre
Vie en ses Cendres & en son Tombeau. Ce Monarque
tres-Chrétien ayant vn sentiment bien contraire à ceux,
desquels le Prophete dit, Qu'ils remportent l'iniquité
auec leurs os dans le sepulchre, Il voulut que son Tombeau conseruast auec les dépoüilles de sa chair, encor sa
Vertu, & l'amour de ses Peuples. Il témoigna que son plus
grand regret étoit de les laisser sans leur donner la Paix;
Mais qu'il assûroit que sçauoit esté toute son intention, &
la fin de ses Trauaux, que ce Rameau de la Sainte Oliue.
Et comme autresfois Epiminides le demanda aux
Atheniens pour recompense de ses Labeurs; Il fit des
vœux sur le champ pour l'obtenir de Dieu à ses Sujets,

pour

pour vne partie de la recompense des siens. Ce que la
Bonté Diuine sembla luy accorder par la reuelation qu'il
eut dans cette derniere Syncope mortelle où il demeura
si long-temps ; & au retour de laquelle ayant dit amou-
reusement, sinon de bouche, au moins de cœur (d'autant qu'il ne parloit qu'à Dieu) *Inclinaui cor meum ad sa-*
tiendas iustificationes tuas in æternum propter retributio-
nem. Dieu détacha cette Ame Iuste de son corps par vn
grand soûpir d'amour qui rompit doucement les liens
qui l'y tenoient arrestée ; pour la placer sur le Thrône
de son Pere comme Parfait Victorieux & Triomphant,
Qui vicerit dabo ei sedere mecum in throno meo. Ainsi ter-
mine glorieusement LOVIS le Iuste, le dernier de
ses iours, & le dernier moment de sa Vie, dans vne parfaite imitation de IESVS-CHRIST: Ainsi acheue de viure le plus grand Roy du monde, en mourant de la mort
des Iustes. C'est à dire, qui en trouuent les amertumes
conuerties en vne telle douceur, qu'ils ne la ressentent
presque pas. On diroit à leur égard, que ce n'est qu'vn
agreable sommeil, au sortir duquel ils vont viure eter-
nellement en Dieu. Ou bien que leur trépas n'est qu'vn
petit vespre sans clarté, qui se change aussi tost en vn
Orient perpetuel, par le moyen du vray Soleil qui
vient en dissiper les obscuritez par sa diuine Lumiere.
Ne disons donc plus que LOVIS est mort, si ce n'est à
nostre égard, qui auons perdu son Illustre presence.
Mais disons mieux, que LOVIS vit dans le Triomphe de la Mort, & qu'il vit pour iamais dans le Paradis.
Car ie tiens qu'il y est maintenant, & qu'il y possede

M

Sunt qui non gustabunt mortem.

Ad vesperū oritur sol pro Iusto.

cette belle Couronne que IESVS CHRIST a promise à ceux qui auroient surmonté, *Qui vicerit dabo ei sedere mecum*, & qu'il repose heureusement sur le Throne de la Gloire, *in throno meo*. Il y est s'abysmant auec plaisir dans la profonde contemplation de Dieu. Il y est dans les transports & les extases qui font le bon-heur de tous les Saincts. Il y est dans les rauissemens qui ne souffrent point de bornes ny de limites que l'Eternité. Il y est Triomphant dans des contentemens aussi purs que leur Source, qui est la Diuinité. Il y est comme vn Astre nouueau qui brille parmy des autres Lumieres du Ciel, *dabo ei sedere mecum*. Il y est participant hautement l'Essence Diuine. Il y est toujours remply sans satieté. Il y est en vn mot parfaitement content. Mais il y est encor en vn estat aduantageux pour nous, tout bruslant de cette double Charité qui luy faisoit icy bas aymer Dieu de tout son cœur, & le prochain comme soy-mesme. De sorte qu'estant intimement vny à son Dieu, il ne laisse pas de penser à cet Empire, & il y pense d'autant plus, qu'il en reconest mieux à present les necessitez, voyant en Dieu, comme dans le Miroir de l'Vniuers, clairement & sans confusion, certainement & sans doubte, ce qui se passe & ce qui se fait. Et il puise dans cette Source inepuisable toutes les graces & toutes les faueurs dont a besoin l'Estat qu'il a laissé. Il y est donc en qualité d'Intercesseur, de Protecteur & Deffenseur, pour faire descouler du Ciel ses plus benignes influences sur ce Royaume, pour le proteger & le deffendre des Ennemis qu'il a en teste. Nos esperances ne seront point

deceües ; Nous auons desja resenti des traits de ce soin.
La puissante Victoire que nous auons remportée incontinent apres qu'il fut allé prendre jouissance du repos qu'il luy estoit promis, & celles qu'il ont suiuie
en estant vn effet certain.

Puissiez-vous, ô Grand Roy, toujours prier & inter-
ceder pour nous, & attirer le secours du Tres-puissant,
au bras de vostre Successeur. Afin qu'il soit le Genereux
Deffenseur (comme vous l'auez esté,) Premierement
de l'Eglise Catholique, & en second lieu des Peuples sur
lesquels il estend l'autorité de son Sceptre. Puissiez-vous
pareillement procurer à vostre Chaste Epouse, à qui vous
auez comis la Regence de son Empire & de sa Personne,
vne parfaite Prudence pour s'en acquiter glorieusement. Regardez sans cesse, & d'vn œil amoureux, ô bel
Astre de l'Empire, ce riche Nuage qui receut si parfaitement les traits & les couleurs de vos Vertus, qu'il pro-
duisit cét Adorable Parelie, ou ce nouueau Soleil pour
nous éclairer en vostre absence. Afin qu'ayant continuellement vos fauorables Aspects, ces Diuins caracte-
res s'y remarquent toujours, & se transmettent par son
exemple, tres-profondement en son heureuse & Royale
production.

Et vous, ô Diuin Soleil de l'Eternité! Source de toutes les lumieres du Ciel & de la terre, & qui en auez
remply ces deux Globes qui roulent sans cesse sur nos
testes dans la voute azurée, pour composer le jour & la
nuict. N'oubliez pas les deux flambeaux de nostre France.
Versez en l'Esprit de nostre Monarque, & de sa Glo-

noble & egalle Lumiere, & de viure Sagesse, par
lesquelles ils ont vescu pendant leur Regne, & ont
fait de la Paix en ... & de la Iustice en leur ...
de confusion & de desordre qu'apporte la guerre, à leur seruice, à ... que les diuisions & les fascheux ...
viennent interrompre les doux accords de son Harmonie. Faites la grace au fils d'embrasser la Valeur, le ...
re, la Clemence, & la Pieté de son Pere, & distinguer par
également toutes les Vertus, en les considerant en la
Mere, où elles sont si naïfuement depeintes. En vn
mot, comme il est le Plaisir de vostre Eglise, inspirez
luy le dessein d'en estendre la gloire aussi loin que le Soleil porte ses rayons, d'aller affronter les Sophis & les
Sultans, d'entrer dans l'Asie, & en faire vne nouuelle
France en Religion & en Pieté. Versez pareillement de
la Royne, que vous auez sans doute choisie par la bouche
de son Espoux, pour la conduite du Roy Mineur, toute
l'abondance de vos douceurs & de vos graces. Ainsi qu'elle est abondante en actions de Sainteté. Afin qu'elle puisse heureusement accomplir cette Regence, & donner
au Prince vne si forte impression de la Iustice, de la Pieté
& de toutes les autres Vertus Royalles, que comme
presentement nous vécu auec felicité sous son administration,
nous respirions encor auec bon-heur sous le Regne de
Nostre nouueau Mardocque, & en luy dy adoré accomplir vos volontez, & ... ensemble nous ... &
...res vostre Gloire ...

www.ingramcontent.com/pod-product-compliance
Ingram Content Group UK Ltd
Pitfield, Milton Keynes, MK11 3LW, UK
UKHW020044100726
13658UKWH00004B/1544